Linz 27/1794

LETTRE

DE

M. ROUSSEAU

DE GENÈVE,

A M***.

A Motiers le 28 Mai 1764.

C'EST rendre un vrai service à un Solitaire éloigné de tout, que de l'avertir de ce qui se passe par rapport à lui. Voilà, Monsieur, ce que vous avez très obligeamment fait en m'envoyant un exemplaire de ma prétendue Lettre à

A

M. l'Archevêque d'Aufch. Cette Lettre, comme vous l'avez deviné, n'eſt pas plus de moi que tous ces Ecrits pſeudonymes qui courent Paris ſous mon nom. Je n'ai point vû le Mandement auquel elle répond, je n'en ai même jamais ouï parler, & il y a huit jours que j'ignorois qu'il y eût un M. du Tillet Archevêque. J'ai peine à croire que l'Auteur de cette Lettre ait voulu perſuader ſérieuſement qu'elle étoit de moi. N'ai-je pas aſſez des affaires qu'on me ſuſcite ſans m'aller mêler de celles d'autrui ? Depuis quand m'a-t-on vû devenir homme de parti ? Quel nouvel intérêt m'auroit fait changer ſi bruſquement de maximes ? Les Jéſuites ſont-ils en meilleur état que quand je refuſois d'écrire contre eux dans leurs difgraces ? Quelqu'un me connoit-il affez lâche, affez vil pour infulter aux malheureux ? Eh ! Que m'importe, enfin, le fort des Jéfuites, quel qu'il puiffe être ? La trifte vérité délaiffée eft-elle plus chère aux uns qu'aux autres ? & foit qu'ils triomphent ou qu'ils fuccombent, en ferai-je moins perfécuté ? D'ailleurs, pour peu qu'on life attentivement cette Lettre, qui ne fentira pas comme vous, que je n'en fuis point l'Auteur ? Les maladreffes y font entaffées : elle eft datée de Neufchâtel où je n'ai pas mis le pied ; on y emploie la formule du *trés-humble ferviteur*, dont je n'ufe avec perfonne ; on m'y fait prendre le titre de Citoyen de Genève, auquel j'ai renoncé : tout en commençant on s'échauffe pour M. de Voltaire, le plus ardent, le plus adroit de mes perfécuteurs, & qui fe paffe bien, je crois, d'un défenfeur tel que moi : on affecte quelques imitations de mes phrafes, & ces imitations fe démentent l'inftant après; le ftyle de la Lettre peut être meilleur que le mien, mais enfin ce n'eft pas le mien : on m'y prête des expreffions baffes; on m'y fait dire des groffieretés qu'on ne trouvera certainement dans aucun de mes Ecrits : on m'y fait dire *vous* à Dieu; ufage que je ne blâme pas, mais qui n'eft pas le nôtre. Pour me fuppofer l'Auteur de cette Lettre, il faut fuppofer auffi que j'ai voulu me déguifer. Il n'y falloit donc pas mettre mon nom, & alors on auroit pu perfuader aux fots qu'elle étoit de moi.

Telles font, Monfieur, les armes dignes de mes adverfaires dont ils achevent de m'accabler. Non contens de m'outrager dans mes ouvrages, ils prennent le parti plus cruel encore de m'attribuer les leurs. A la vérité le Public jufqu'ici n'a pas pris le change, & il faudroit qu'il fût bien aveuglé pour le prendre aujourd'hui. La juftice que j'en attends fur ce point, eft une confolation bien foible pour tant de maux. Vous favez la nouvelle affliction qui m'accable : la perte de M. de Luxembourg met le comble à toutes les autres ; je la fentirai jufqu'au tombeau. Il fut mon consolateur durant sa vie, il sera mon protecteur après sa mort. Sa chère & honorable mémoire défendra la mienne des outrages de mes ennemis, & quand ils voudront la souiller par leurs calomnies, on leur dira : comment cela pourroit-il être ? Le plus honnête homme de France fut son ami.

Je vous remercie & vous salue, Monsieur, de tout mon cœur.

ROUSSEAU.

À Monsieur

Monsieur Walckel, de
l'académie française

rue Charlot

Duchesne

www.ingramcontent.com/pod-product-compliance
Lightning Source LLC
Chambersburg PA
CBHW061528040426
42450CB00008B/1841